Los indígenas del Oeste

La lucha contra los elementos

Katelyn Rice

Asesores

Katie Blomquist, Ed.S.
Escuelas Públicas del Condado de Fairfax

Nicholas Baker, Ed.D.
Supervisor de currículo e instrucción
Distrito Escolar Colonial, DE

Vanessa Ann Gunther, Ph.D.
Departamento de Historia
Universidad Chapman

Créditos de publicación

Rachelle Cracchiolo, M.S.Ed., *Editora comercial*
Conni Medina, M.A.Ed., *Redactora jefa*
Emily R. Smith, M.A.Ed., *Realizadora de la serie*
Diana Kenney, M.A.Ed., NBCT, *Directora de contenido*
Caroline Gasca, M.S.Ed., *Editora superior*
Johnson Nguyen, *Diseñador multimedia*
Lynette Ordoñez, *Editora*
Sam Morales, M.A., *Editor asociado*
Jill Malcolm, *Diseñadora gráfica básica*

Créditos de imágenes: págs.2–3, 10, 20, 22–23, 25, 32 North Wind Picture Archives; pág.7 (superior) Stocktrek Images, Inc./Alamy, (inferior) Nancy Carter/North Wind Picture Archives; págs.8 -9 National Geographic Image Collection/Alamy; pág.9 Richard Hook/Getty Images; pág.13 (inferior) NativeStock/North Wind Picture Archives, (superior) Nancy Carter/North Wind; pág.14 LOC [LC-USZ62-99798]; pág.17 Simon Speed/Wikimedia Commons; pág.19 NativeStock/North Wind Picture Archives; pág.21 Wikimedia Commons/Dominio público; pág.16, contraportada Walter Siegmund/Wikimedia Commons; todas las demás imágenes cortesía de iStock y/o Shutterstock.

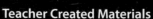

Teacher Created Materials
5301 Oceanus Drive
Huntington Beach, CA 92649-1030
www.tcmpub.com
ISBN 978-0-7439-1346-1

Contenido

Sobrevivir en el Oeste

pico Wheeler, Nevada

Mucho antes de que los europeos descubrieran América del Norte y América del Sur, millones de personas ya vivían allí. Estas personas eran los indígenas americanos. Sus **antepasados** llegaron a la región hace miles de años. Vivían organizados en muchas **tribus** diferentes. Una tribu es un grupo de personas que tienen una **cultura** en común. Cada tribu tenía sus propias tradiciones, creencias y estilos de vida.

Los indígenas vivían en casi todas las regiones de América del Norte. Las tribus del Oeste tenían estilos de vida muy distintos entre sí. Esto era así debido a que el Oeste es una región de gran **diversidad**. Hay montañas de gran altura, desiertos áridos, valles fértiles y millas de costas escarpadas. Puede parecer difícil vivir en algunos de estos lugares. Pero las tribus del Oeste hallaron la manera de prosperar en todos estos medioambientes.

monte Reynolds, Montana

Cascadas del Norte, Washington

desierto de Mojave, California

Como en casa en el Oeste

Beringia

Rusia

Alaska

	superficie actual
	superficie en el 10,000 a. C.

Durante la última edad de hielo, comenzaron a llegar pobladores a América del Norte. Estas personas se conocen como paleoamericanos. Probablemente cruzaron un puente terrestre que unía Asia y América del Norte. El puente se llama Beringia. Ahora está cubierto por una masa de agua llamada estrecho de Bering. Hacia el año 10,000 a. C., los paleoamericanos se habían dispersado por América del Norte y América del Sur.

Los paleoamericanos eran **nómadas**. No permanecían en un solo lugar. Se trasladaban en cada estación siguiendo las manadas de animales que cazaban. Así se aseguraban el acceso a los alimentos.

mamuts lanudos

felino dientes de sable

Los paleoamericanos aprendieron a usar lo que tenían cerca. Cazaban animales que hoy están extintos, como el mamut lanudo y el felino dientes de sable. Fabricaban herramientas con madera, piedras y huesos de animales. Afilaban piedras y las usaban como puntas en lanzas de madera. Más adelante, aprendieron a hacer herramientas de cobre. Usaban pieles y cueros para hacer ropa y cubrir sus casas. Los paleoamericanos transmitieron estas destrezas a sus **descendientes**: los indígenas americanos.

Unos paleoamericanos preparan un caribú para comerlo.

No se sabe si los primeros indígenas les ponían nombre a sus tribus. Sin embargo, con el tiempo, las tribus recibieron nombres prácticos. Se las llamaba según lo que cazaban, comían o fabricaban. Una de estas tribus de la actual Nevada es conocida como *koop ticutta*. Este nombre significa "gente que come ardillas terrestres". Llenaban las madrigueras de las ardillas con agua y así las cazaban. Cuando la ardilla huía de su casa inundada, la atrapaban. También comían conejos, peces, raíces y hierbas.

ardilla terrestre en la Nevada actual

familia en una casa excavada

Los anasazis fueron los antepasados de los indígenas norteamericanos de la región del Suroeste. Provenían de un área que hoy comprende los estados de Utah, Arizona y Nuevo México. Vivieron en esa región desde el año 100 d. C. hasta el 1600 d. C., aproximadamente. Los anasazis vivían en casas en los acantilados. Eran unas casas apiladas construidas en la ladera de los acantilados. También vivían en cuevas y casas excavadas. Las casas excavadas eran redondas o cuadradas y estaban parcialmente bajo tierra. Eran de pasto, palos y tierra. Cada una tenía un agujero en el techo para que entraran y salieran las personas. Por allí también salía el humo cuando la gente cocinaba. Esta estructura los mantenía a salvo en el difícil medioambiente donde estaban. Las destrezas e ideas de los anasazis se transmitieron a través de los años. Las tribus del Oeste habían aprendido a sobrevivir.

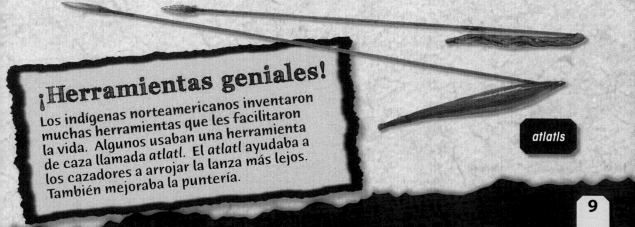

¡Herramientas geniales!

Los indígenas norteamericanos inventaron muchas herramientas que les facilitaron la vida. Algunos usaban una herramienta de caza llamada *atlatl*. El atlatl ayudaba a los cazadores a arrojar la lanza más lejos. También mejoraba la puntería.

atlatls

Las regiones occidentales

Los indígenas norteamericanos del Oeste vivían en distintas regiones. Esas regiones son el Suroeste, la Gran Cuenca, la Meseta, el Noroeste del Pacífico y California. Cada región tiene un clima **singular**. Las tribus adaptaron su estilo de vida a la región donde vivían.

Noroeste del Pacífico

Meseta

Gran Cuenca

California

Suroeste

El Suroeste

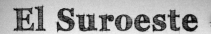

El Suroeste es caluroso y seco casi todo el año. En su mayor parte es un desierto. Mantenerse fresco y conservar el agua es importante si se vive en un clima **adverso** como este. Algunas tribus de esta región son los hopis, los zuñis, los taos y los acomas.

Las tribus del Suroeste vivían en pueblos. Algunos se construían sobre la superficie. Otros, en los acantilados. En los dos casos, las casas eran de piedra y adobe. Así, las casas se mantenían frescas durante los días agobiantes del verano. Muchos grupos de pueblos estaban conectados por una serie de caminos. Los caminos facilitaban el comercio entre los grupos.

Las tribus del Suroeste cultivaban, por ejemplo, calabaza y maíz. También cultivaban algodón para hacer ropa. Desarrollaron la técnica agrícola del *cultivo en terrazas*. Las granjas se construían como una escalera de varios pisos. Cuando llovía, el agua se escurría desde la terraza superior hasta la base. Este diseño les permitía regar todo el terreno con muy poca agua.

El adobe

El adobe es un material de construcción muy resistente. Para prepararlo, los indígenas pueblo mezclaban arcilla, arena, pasto y agua. Luego, cocían la mezcla al sol durante horas hasta que se endurecía como un ladrillo. Apilaban los ladrillos para construir muros. Colocaban adobe fresco entre los ladrillos y lo usaban para revestir los muros.

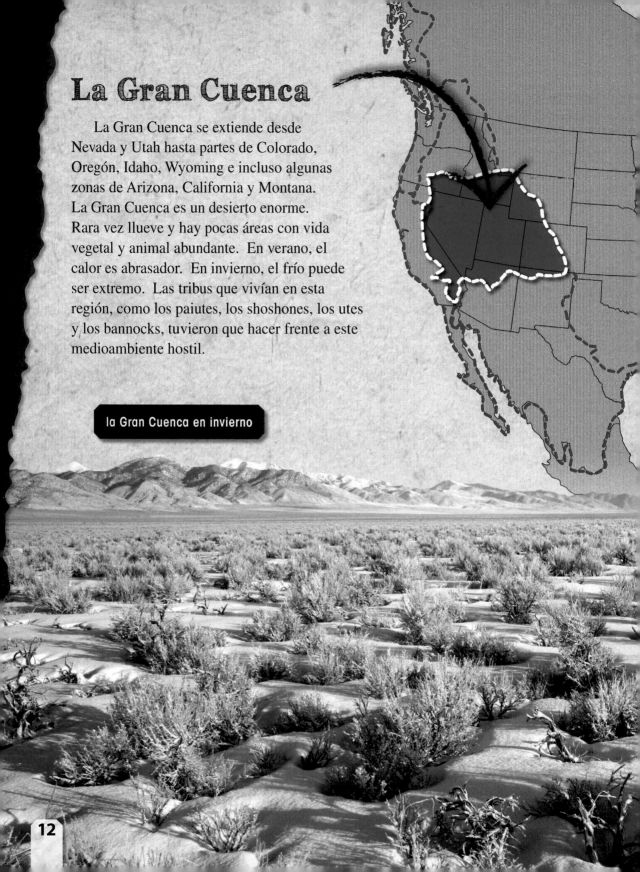

La Gran Cuenca

La Gran Cuenca se extiende desde Nevada y Utah hasta partes de Colorado, Oregón, Idaho, Wyoming e incluso algunas zonas de Arizona, California y Montana. La Gran Cuenca es un desierto enorme. Rara vez llueve y hay pocas áreas con vida vegetal y animal abundante. En verano, el calor es abrasador. En invierno, el frío puede ser extremo. Las tribus que vivían en esta región, como los paiutes, los shoshones, los utes y los bannocks, tuvieron que hacer frente a este medioambiente hostil.

la Gran Cuenca en invierno

Los indígenas de la Gran Cuenca eran cazadores y recolectores nómadas. Se trasladaban a menudo para cazar animales. Usaban herramientas sencillas, como el arco y la flecha, para atrapar animales como el antílope y la liebre. Pero estas tribus comían plantas más que nada. Debido a que la agricultura es difícil en esta región, recolectaban y comían bayas, frutas, semillas, raíces y nueces. Estos alimentos se podían desecar y almacenar fácilmente para los meses de invierno.

Generalmente, las viviendas en la Gran Cuenca eran **temporales**. Las tribus construían casas nuevas cada vez que se trasladaban. Algunos refugios eran de broza. Las casas de broza se construían con ramas de árbol. A estas casas les añadían otros materiales, como corteza o tierra, durante los meses más fríos del invierno.

casa de broza paiute

La cestería de la Gran Cuenca

Las mujeres tejían cestas que se usaban para recolectar alimentos. Las cestas tenían un tejido compacto que se hacía con las ramas y la corteza de los árboles cercanos. Así, las semillas no se escapaban por ningún espacio. ¡Algunos tejidos eran tan compactos que podían llevar agua!

La Meseta

Ubicada entre las Grandes Llanuras, la Gran Cuenca y el Noroeste del Pacífico se encuentra la región de la Meseta. Abarca partes de Oregón, Washington, Idaho, Montana y Canadá. Las tribus que vivían allí eran, entre otras, los nez percés, los kutenais, los flatheads y los modocs.

Esta región tiene veranos cálidos e inviernos cargados de nieve. Durante el invierno, las tribus de la Meseta vivían en poblados. Allí, las familias construían casas excavadas o tiendas que cubrían con esterillas. Las casas excavadas se hacían con palos de madera atados con tiras de corteza en la parte superior. Se encendía una fogata en el centro de la casa para mantenerla cálida. El humo salía por un orificio que estaba en la parte superior. Las tiendas recubiertas con esterillas tenían forma de cono. Se recubrían con un tipo de junco llamado *tule*. En las otras estaciones del año, las tribus también instalaban campamentos más pequeños alrededor del poblado. Era más práctico así para las tareas de caza y recolección.

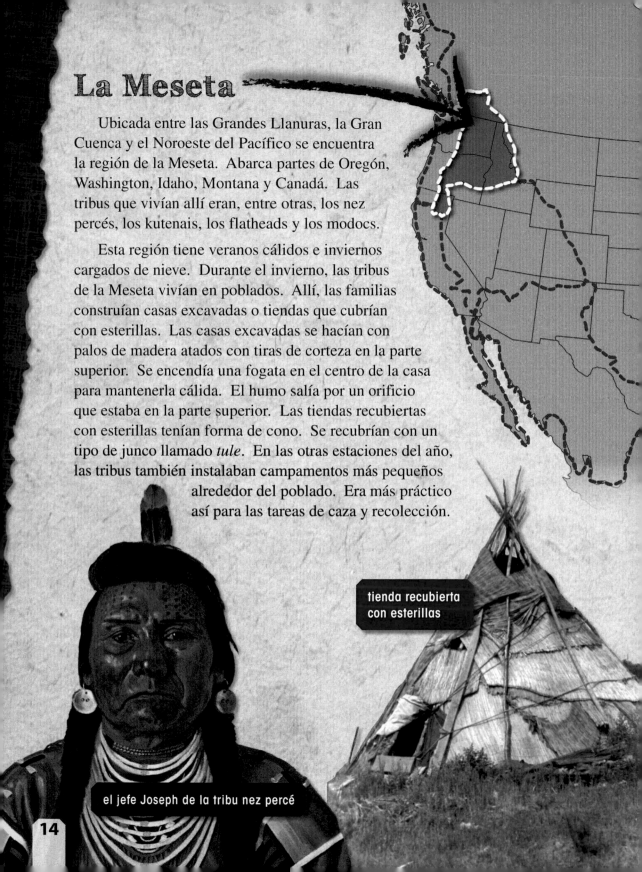

tienda recubierta con esterillas

el jefe Joseph de la tribu nez percé

La caza y la recolección eran un estilo de vida para los indígenas de la Meseta. Durante la primavera, recogían raíces. En otoño, las mujeres y los niños recolectaban bayas. Las tribus también rastreaban animales, como ciervos y uapitís. Como las tribus de la Meseta se instalaban cerca del agua, también pescaban. Usaban lanzas, trampas y redes para atrapar salmones, truchas y otros peces en los ríos de la zona.

una mujer nez percé con su hijo

Rutas comerciales

Los ríos y la ubicación central de la región permitían que las tribus comerciaran entre sí. Se usaban canoas para recorrer distancias cortas y transportar mercancías.

El Noroeste del Pacífico

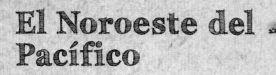

Las tribus del Noroeste del Pacífico vivían en el norte de California, Oregón, Washington, Canadá y el sureste de Alaska. Muchas tribus ocupaban esta región, entre ellos, los makahs, los umpquas, los nootkas, los chinooks y los cowlitz. Las tribus de esta región fría y lluviosa permanecían cerca del océano, de donde obtenían la mayor parte de su alimento.

Comían animales marinos como el salmón, la ballena y la nutria de mar. También cazaban ciervos y alces. Para cazar, pulían rocas hasta convertirlas en afiladas puntas de flecha. Sujetaban las puntas de flecha a ramas y hacían lanzas. A veces, pescaban con redes hechas a mano.

Con abundante alimento disponible, los indígenas de esta región vivían en viviendas comunales permanentes llamadas casas largas. ¡Algunas medían 200 pies de largo y podían albergar hasta 60 personas! Por lo general, las casas largas tenían dos pisos. El piso de arriba se usaba como dormitorio. Hay árboles en abundancia en esta región. Por eso, las viviendas comunales se construían con tablones de madera.

réplica de una casa larga chinook

Las tribus del Noroeste del Pacífico también tallaban muchos objetos en madera. Hacían instrumentos como tambores, flautas y cascabeles. Hacían máscaras para las ceremonias religiosas. Pero se las conoce sobre todo por sus tótems de madera. Los tótems son troncos tallados con figuras de animales y rostros. Se usaban para registrar sucesos importantes y contar historias familiares. También se usaban con fines religiosos.

tótem de madera

cuerda de tendón de ballena

Nada se desperdicia

La ballena era una fuente de alimento importante. Pero las tribus también usaban los tendones como hilo. El tendón es un tejido fuerte que une el músculo al hueso. Usaban aceite de ballena para darle sabor a la comida y para evitar que la lluvia apagara el fuego.

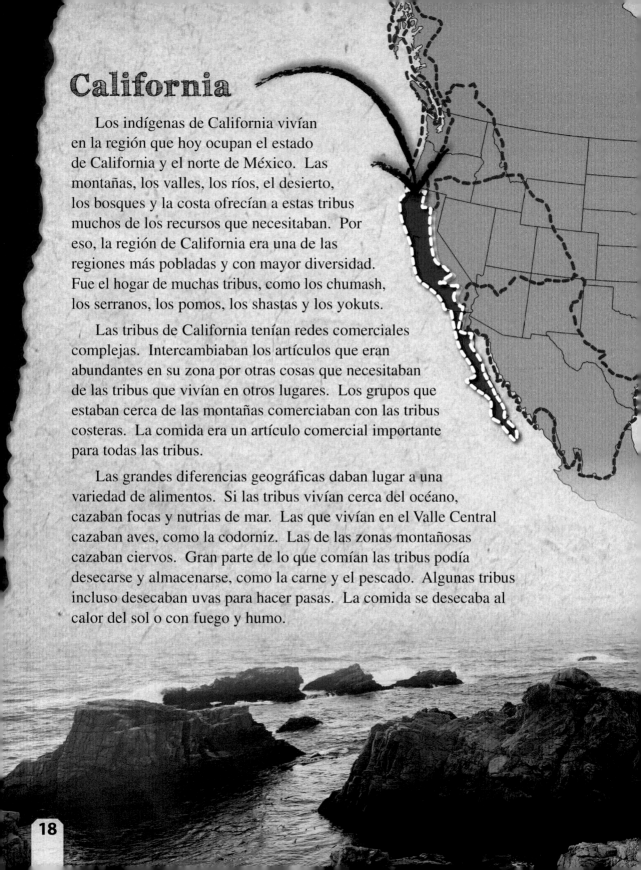

California

Los indígenas de California vivían en la región que hoy ocupan el estado de California y el norte de México. Las montañas, los valles, los ríos, el desierto, los bosques y la costa ofrecían a estas tribus muchos de los recursos que necesitaban. Por eso, la región de California era una de las regiones más pobladas y con mayor diversidad. Fue el hogar de muchas tribus, como los chumash, los serranos, los pomos, los shastas y los yokuts.

Las tribus de California tenían redes comerciales complejas. Intercambiaban los artículos que eran abundantes en su zona por otras cosas que necesitaban de las tribus que vivían en otros lugares. Los grupos que estaban cerca de las montañas comerciaban con las tribus costeras. La comida era un artículo comercial importante para todas las tribus.

Las grandes diferencias geográficas daban lugar a una variedad de alimentos. Si las tribus vivían cerca del océano, cazaban focas y nutrias de mar. Las que vivían en el Valle Central cazaban aves, como la codorniz. Las de las zonas montañosas cazaban ciervos. Gran parte de lo que comían las tribus podía desecarse y almacenarse, como la carne y el pescado. Algunas tribus incluso desecaban uvas para hacer pasas. La comida se desecaba al calor del sol o con fuego y humo.

Casas duraderas

Los materiales que usaban los indígenas de California para construir sus casas variaban según la ubicación de cada tribu. Las que estaban cerca de la costa construían casas que recubrían con pastos. Las que vivían en el bosque construían cabañas con corteza de cedro.

cabaña de corteza de cedro

Bellotas deliciosas

Las bellotas eran muy importantes para las tribus de California. Las dejaban secar durante un año. Luego, las molían hasta obtener una especie de harina. Este ingrediente se tostaba o se ponía a hervir y se comía. La papilla que se obtenía tenía la consistencia de un pudín.

Los europeos en el continente americano

A finales del siglo xv, comenzó la Era de los Descubrimientos. Los europeos querían encontrar rutas comerciales a Asia más rápidas. Los comerciantes viajaban principalmente por tierra. Tardaban meses en recorrer aquellos largos caminos. Y, además, era peligroso. Los ladrones a menudo atacaban a los comerciantes en el camino. Por todo esto, los productos que venían de Asia eran muy costosos. Los exploradores se dispusieron a encontrar nuevas rutas a Asia por mar.

Los comerciantes viajaban entre Europa y Asia por la Ruta de la Seda.

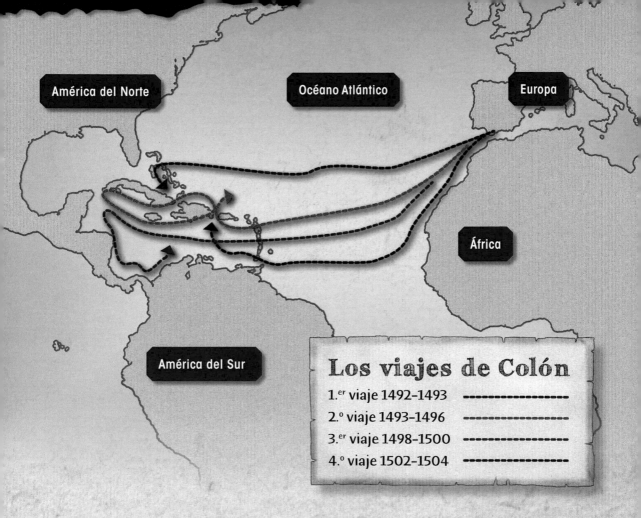

América del Norte

Océano Atlántico

Europa

África

América del Sur

Los viajes de Colón

1.er viaje 1492–1493   - - - - - - - - - - - - - - -

2.º viaje 1493–1496   - - - - - - - - - - - - - - -

3.er viaje 1498–1500   - - - - - - - - - - - - - - -

4.º viaje 1502–1504   - - - - - - - - - - - - - - -

En 1492, Cristóbal Colón navegó desde España hacia el oeste. Desembarcó con su tripulación en el Caribe. Sin embargo, Colón creyó que había llegado cerca de la India. Aunque estaba en el Caribe, llamó "indios" a las personas que encontró allí. Y luego fue difícil cambiar ese nombre.

Poco después, los europeos se dieron cuenta de que había dos continentes entre los océanos Atlántico y Pacífico. No pasó mucho tiempo antes de que los vieran como una **oportunidad** económica. Muchos países comenzaron a reclamar territorios en el continente americano. Como estas tierras eran nuevas para los europeos, las llamaron Nuevo Mundo.

Cristóbal Colón

Los europeos y los indígenas americanos comenzaron a intercambiar muchos productos. Los europeos traían café, trigo, arroz, plátanos, cerdos, ganado y muchas cosas más. Los indígenas tenían cosas como cacao, maíz, tomates, calabazas, papas y tabaco. Este intercambio de plantas y animales se conoció como **intercambio colombino**.

Unos indígenas americanos comercian con los europeos.

Por medio de este intercambio, muchas tribus obtuvieron caballos. Nunca los habían visto hasta que los europeos los llevaron al Nuevo Mundo. El caballo cambió el estilo de vida de los indígenas. Se usó para arar los campos. Permitió que las tribus viajaran más lejos y rápido. Se usó para cazar animales grandes. El caballo se volvió importante para muchas tribus.

Pero, así como los europeos comerciaron con las tribus, también compartieron otra cosa: las enfermedades. Las tribus no habían estado expuestas a las mismas enfermedades que los europeos. Por eso, no tenían la misma **inmunidad** que los europeos habían desarrollado a lo largo de los años. Las enfermedades, como la viruela, arrasaron las tribus. Estos asesinos silenciosos podían acabar con una aldea entera en pocos días.

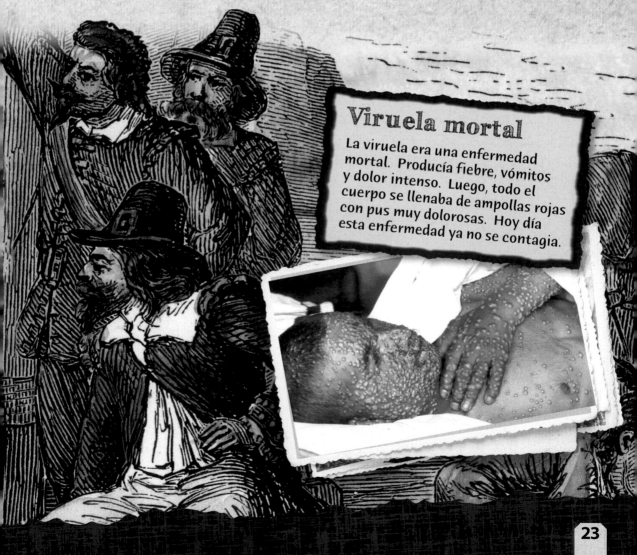

Viruela mortal

La viruela era una enfermedad mortal. Producía fiebre, vómitos y dolor intenso. Luego, todo el cuerpo se llenaba de ampollas rojas con pus muy dolorosas. Hoy día esta enfermedad ya no se contagia.

El comercio no era lo único que los europeos querían del Nuevo Mundo. Muchos llegaban en busca de riqueza y tierras para sus países de origen. Los españoles establecieron un vasto imperio en el Nuevo Mundo. Se extendía desde California hasta la Florida y abarcaba gran parte de América del Sur. Los españoles destruyeron muchas aldeas y culturas indígenas en busca de oro y plata. A medida que conquistaban más tierras, también fundaban **misiones** para **convertir** a las tribus al catolicismo. Esa era la religión de España y de muchos otros países europeos.

misión de San José en San Antonio, Texas

Los españoles obligaron a las tribus a vivir en las misiones y a trabajar como esclavos. Hacían trabajos agrícolas y muchas otras tareas. Los españoles los forzaban a vivir y vestirse como ellos. A muchos indígenas les costó adaptarse a la vida en las misiones. Si desobedecían, los españoles los castigaban con severidad. Aun así, muchos se resistieron. Se aferraban a sus propias creencias.

A medida que los europeos conquistaban más y más tierras, expulsaban a los indígenas de sus tierras originales. Sin embargo, muchas tribus resistieron. Hoy en día, viven más de cinco millones de indígenas en Estados Unidos.

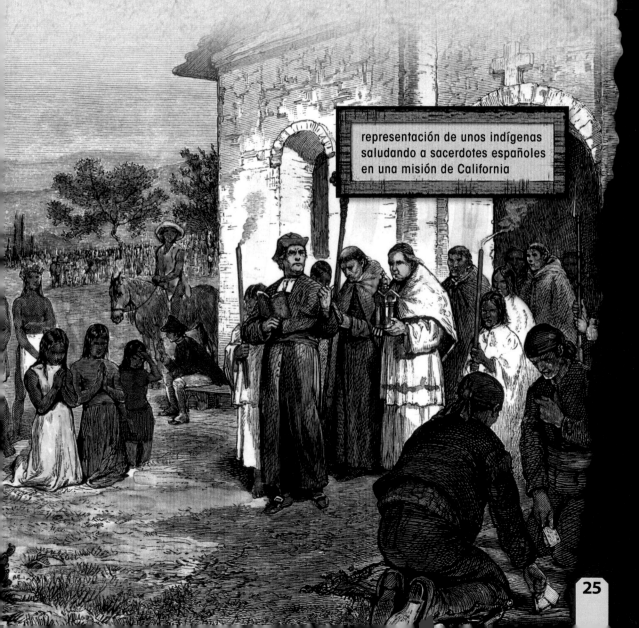

representación de unos indígenas saludando a sacerdotes españoles en una misión de California

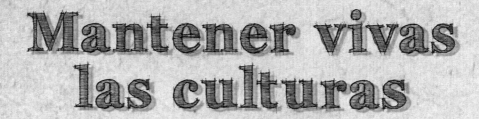

Mantener vivas las culturas

Muchas tribus todavía viven en el Oeste. Pero su vida actual es muy diferente de su vida en el pasado. Hoy, la mayoría vive en casas modernas y usa ropa actual. Asisten a la escuela y muchos van a la universidad. Son maestros y médicos. Son escritores y artistas. Tienen negocios propios. Algunos indígenas viven en **reservas**. Estos lugares son como países pequeños dentro de Estados Unidos. Allí, los líderes tribales dictan leyes y toman decisiones para su pueblo. Otros indígenas deciden vivir en otros lugares. Viven en ciudades y pueblos con otros estadounidenses.

cerámica indígena

La reserva de los navajos abarca partes de Utah, Arizona y Nuevo México.

Los indígenas San Manuel celebran su *powwow* anual en San Bernardino, California.

Muchas tribus tienen celebraciones tradicionales. Realizan bailes típicos. Usan métodos de cocción tradicionales. Hacen objetos de cerámica y cestas como antes lo hacían sus antepasados. Muchas conservan sus creencias tribales. Algunas todavía hablan sus lenguas tribales. Intentan enseñar a los demás sobre sus culturas.

Los indígenas fueron los primeros norteamericanos. Sus antepasados llegaron a estas tierras hace muchísimo tiempo. Los que vivían en el Oeste debieron luchar contra los elementos. Enfrentaron muchos desafíos cuando llegaron los europeos. Como pueblo, sobrevivieron a todo. Hoy, estas tribus mantienen vivas sus tradiciones con orgullo.

¡Investígalo!

Investiga una tribu específica del Oeste. Puede aparecer en este libro o no. Identifica qué ropa usaban sus miembros, qué comían, en qué tipo de casa vivían, qué creencias religiosas tenían, si eran nómadas o vivían en asentamientos permanentes y otros detalles de su vida cotidiana. Investiga dónde está la tribu hoy y cómo ha cambiado la vida de sus miembros. Luego, crea un libro ilustrado con palabras e imágenes para mostrar lo que aprendiste. Lee el libro a tus amigos o familiares. Enséñales sobre la tribu.

Glosario

adverso: que es difícil de enfrentar

antepasados: personas de las que desciende un grupo

convertir: hacer cambiar de religión o creencia

cultura: creencias y estilo de vida de un grupo de personas

descendientes: personas con el mismo origen familiar que otras personas del pasado

diversidad: una gran cantidad de cosas diferentes

inmunidad: la capacidad del cuerpo de rechazar una enfermedad

intercambio colombino: el intercambio de plantas, animales e ideas entre el Nuevo Mundo y el Viejo Mundo

misiones: edificios donde se realiza una obra religiosa

nómadas: que tienen un estilo de vida en el que se trasladan en grupo y no viven en un lugar fijo

oportunidad: momento o situación justos para hacer algo y progresar o avanzar

reservas: territorios en Estados Unidos que se apartan para que vivan los indígenas

singular: diferente de los demás

temporales: que duran poco tiempo; que no son permanentes

tribus: grupos de personas que hablan el mismo idioma y comparten costumbres y creencias

Índice

La vida en los pueblos

Los indígenas del Suroeste solían vivir en pueblos como este. ¿De qué manera las casas de los pueblos se adecuaban al medioambiente del Suroeste? ¿Por qué las tribus de otras regiones no vivían en pueblos? Escribe un párrafo con ejemplos para describir cómo la ubicación determinaba el tipo de casas que construía cada tribu.